L'ISLE DE FRANCE,

OU

LA NOUVELLE COLONIE

DE VENUS.

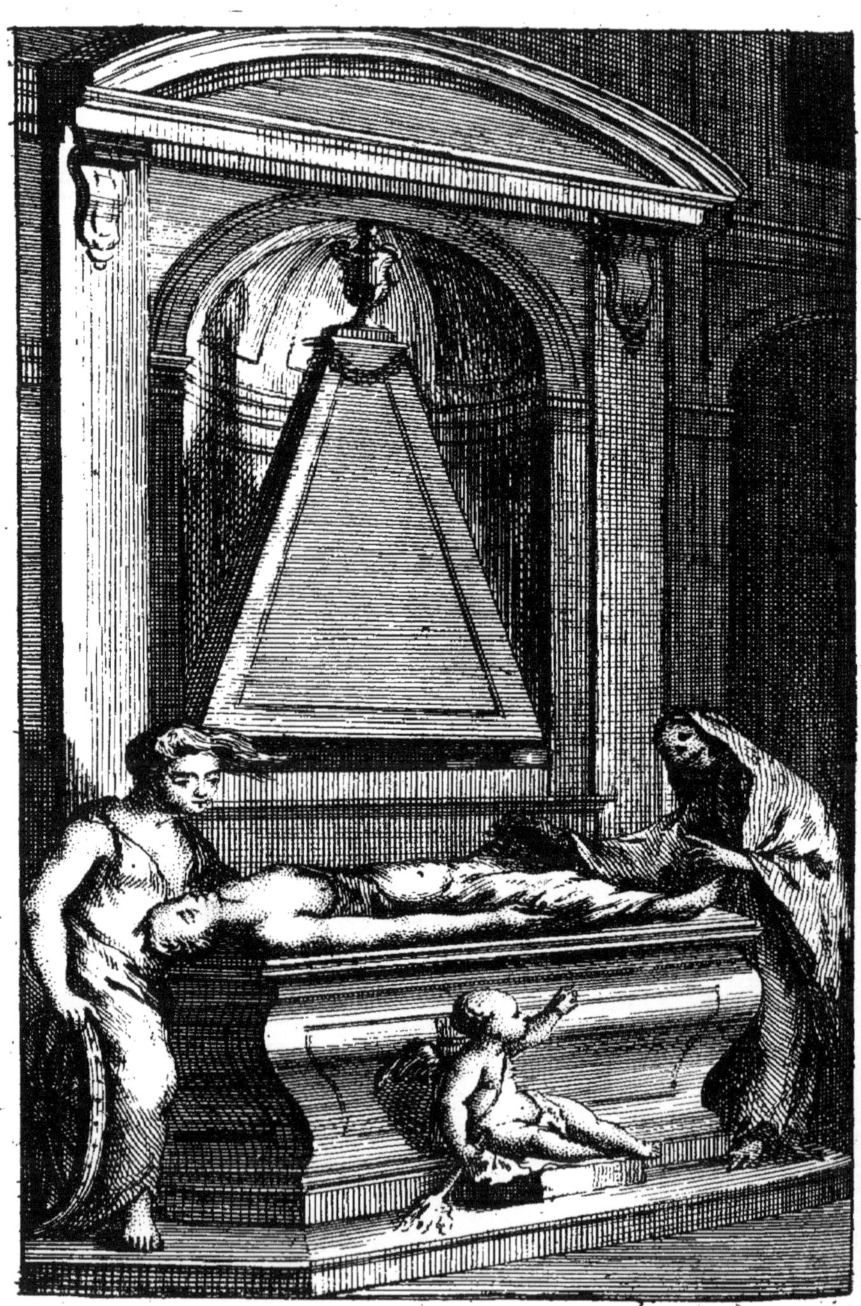

L'ISLE DE FRANCE,

OU

LA NOUVELLE COLONIE

DE VENUS,

Précédée d'une Epître à Mr. ***, ſervant de Préface.

A AMSTERDAM.
Chez ARKSTÉE & MERKUS.

MDCCLIII.

L'ISLE DE FRANCE,

OU

LA NOUVELLE COLONIE

DE VENUS.

L'ISLE DE FRANCE,

OU

LA NOUVELLE COLONIE

DE VENUS,

Précédée d'une Epître à Mr. ***, servant de Préface.

A AMSTERDAM.
Chez ARKSTÉE & MERKUS.

MDCCLII.

EPITRE

A Mr. ***.

SAGE enjoué, Philoſophe char-
mant,
Vous qui joignant l'eſprit au ſen-
timent,
A ce vernis qui forme l'homme aimable,
Sçavez unir le don d'être eſtimable,
Qui poſſédant le grand art de jouir,
Définiſſez & ſentez le plaiſir
Voluptueux avec délicateſſe,
Sçavant ſans faſte, & ſage ſans rudeſſe;

Cher Ami, car ce titre eſt plus précieux que tous ceux que je pourrois vous donner : je vous envoye un badinage de quelques heures que ma dicté le loisir : vous sçavez qu'il est le pere de toutes les brochures dont Paris est inondé. Je me doute bien que votre Philosophie ne me pardonnera pas d'en avoir augmenté le nombre ; mais il faut bien être de son siécle, que voulez-vous, c'est la mode, & je suis Français : si c'est un ridicule d'être Auteur, c'en est un plus grand encore de ne vouloir pas l'être : pour avoir de l'esprit, il faut bien s'être fait imprimer au moins une fois. Si malgré mes raisons vous me condamnez, j'en appelle au Tribunal des femmes, elles me justifient par leur exemple. Autrefois aimables ignorantes, leur unique occupation étoit de plaire, fieres & satisfaites des graces de leurs corps, elles cultivoient peu leur esprit : aujourd'hui elles composent d'un stile agréable ce qu'à peine elles auroient lû il y a quelques années ; leur toilette devient souvent leur cabinet d'étude.

Couronné de pompons & parfumé d'essence,
Le Dieu des Vers voltige en ces réduits charmants,
Et parmi les miroirs, le fard & les rubans,
D'un air plein de grace & d'aisance,
Folâtre avec le Dieu qui préside aux Romans.
L'amour rit en voyant auprès d'une coëffure
La trompette de Milton ;
Sur un patron de garniture
Le flageolet d'Anacréon,
Et le brodequin de Thalie,
De Melpomene le mouchoir,
Avec le luth de Polymnie
Auprès d'un éventail, ou bien sur un miroir :
Le sexe né pour plaire aux hommes,
Joint au mirthe amoureux le laurier de Delos :
Venus est Apollon, dans le siécle où nous sommes,
Nos Hélenes sont des Saphos.

Le ſeul reproche que vous ſeriez peut-être en droit de me faire après cela, ce ſeroit d'avoir choiſi un ſujet auſſi frivole. Quelle idée bizarre que celle de cet Ouvrage ! j'avoue qu'elle eſt ſinguliere. Tant mieux : je voudrois qu'elle fut plus folle : faite pour amuſer, elle en plairoit davantage. Peut-être vous auriez voulu que je compoſaſſe une Tragédie : mais vous ſçavez bien que ce n'eſt plus la mode d'en faire de bonnes. Aimeriez-vous mieux que je fiſſe des caractéres : ceux que je lis tous les jours m'en ont dégoûté : je ne me pardonnerois pas ſi l'idée ſeule m'en étoit venue.

Irois-je en uſurpant d'une main familiere
La palette de la Bruyere,
Ainſi que nos ſots Beaux-Eſprits
Tremper dans ſes couleurs un pinceau téméraire?

Puis regrattant à ma maniere
Tous les portraits tracés dans ces divins écrits,
Y mettre une couche grossiere
De ce jargon du siécle, informe coloris,
Dont aujourd'hui dans tout Paris
Le peuple auteur assomme un caractere ;
Et faisant gr.macer un Ouvrage divin
Sous les apprets d'un art facile,
De Raphaël ou du Poussin,
Changer le crayon d'or en un crayon d'argile.
Sot précepteur de ce sot genre humain,
Irois-je sur les pas des Modernes illustres,
De la morale enfiler le chemin,
Sans avoir atteint quatre lustres ?
Rival de Bourdalouë & singe de Pascal,
M'en irois-je en un plat ouvrage
Coëffant mon Apollon du Bonnet doctoral,
Piller Seneque ou retourner Panage,
Et de nos mœurs réformateur sauvage
Dogmatisant sur le bien & le mal,
Sur chaque état & sur chaque âge,
D'un ton pedant & d'un air monacal,
Aux Lecteurs morfondus offrir pour toute image,
De mes froids lieux communs le mystique étalage ?

D'ailleurs, pour compofer un ouvrage férieux, il faut que l'efprit ait une certaine liberté; dès que mes idées s'élevent, elles veulent être libres: la contrainte les affoiblit & les refferre: quand je penfe, je n'examine jamais ce qu'on a penfé avant moi: je blâme ou je loue tout ce qui me paroît digne de louange ou de blâme. Si j'écrivois, je voudrois avoir le courage de le dire, mais je fçais que nous ne fommes point ici montez fur ce ton.

Sur les bords fortunez que la Thamife arrofe,
Un Auteur peut donner libre effor à fes Vers,
Et fous les préjugez tyrans de l'univers,
Le timide compas n'affervit point fa profe.

En France on eft plus circonfpect, & on ne fe livre pas impunément aux faillies de fon imagination.

Auſſi me donnerai-je bien de garde de faire jamais pareille ſottiſe : je ſçais trop qu'il n'y a point à badiner. Eh, qu'importe après tout ? Les François ſemblent-ils être nez pour la vérité ? Non, mais pour le plaiſir : ils ſont profonds dans l'art de le faire naître, & d'en jouir ; leur en faut-il davantage ? Et voilà, ſi je ne me trompe, la véritable cauſe de ce qu'il paroît en France ſi peu de livres ſérieux & profonds, tandis que la preſſe peut à peine ſuffire aux brochures legeres & frivoles dont elle eſt accablée.

Les Dieux jaloux de leur grandeur,
Du cabinet de l'Empirée,
Aux yeux mortels ont défendu l'entrée,
Et quiconque pouſſé d'une indiſcrette ardeur,
Prophane d'un regard leur majeſté ſacrée,
Sent auſſitôt leur bras vengeur
S'appéſantir ſur lui de la voute éthérée.

Ainſi l'oiſeau qui plâne dans les airs,
Né pour braver la foudre & le feu des éclairs,
Et s'élançant du ſéjour de la terre,
Voler juſques aux lieux qu'habite le tonnerre;
Du ſéjour brillant des Dieux,
N'oſe plus affronter la ſplendeur éternelle,
Et reprimant ſon vol audacieux
Avec la timide hyrondelle,
Raze les humbles bords des étangs de ces lieux.

Et puis vous connoiſſez l'humeur de nos François : une brochure, un badinage, un rien qui les amuſe, voilà ce qu'il leur faut ; & non un livre dans les formes qui les intéreſſe. Tout ce qui les occupe eſt bien près de les ennuyer : ils ne ſont point capables d'un ſi grand effort.

Citoien du ſéjour de Flore,
Le papillon dans un jardin
Parmi les roſes & le thin
Coule les jours qu'il voit éclore ;

Tantôt il recueille les pleurs
Tombez du Palais de l'Aurore ;
Et tantôt ſur le ſein des fleurs
Il ſuce l'ambre des couleurs
Dont il s'embellit & ſe dore :
Quelquefois ſur l'aîle des vents
Emporté loin des bords charmants
Où de ſon goût l'erreur volage
A trente fleurs en même temps,
Offroit un inconſtant hommage :
Il s'envole ſur le feuillage
D'un tendre & nouvel arbriſſeau,
L'ornement d'un naiſſant bocage
Et des Amours l'heureux berceau.
Mais les Dryades des montagnes
Jamais loin des humbles campagnes
Ne l'ont vu d'un cours aſſuré
Voler ſur la tête chénue
Du cedre caché dans la nue
Ou dans un bois ſombre & ſacré
Pénétrer le feuillage antique
De l'arbre auguſte & prophetique
Jadis des humains adoré.

Ce Papillon eſt l'image du François :

ſi je lui donnois du ſublime ou du profond, il pourroit bien examiner le titre de mon livre & le laiſſer là. Mais je tâche de l'amuſer, peut-être je ſerai lû.

Je ſuis, &c.

L'ISLE DE FRANCE,

O U

LA NOUVELLE COLONIE
DE VENUS.

CHANT PREMIER.

U'UN autre consacre à la mémoire les exploits sanglants & les foiblesses des Héros: qu'un autre que moi apprenne à l'univers comment ce fameux Troïen échapa des flammes de sa patrie brûlante,

& comment après dix ans d'erreurs & de combats, il jetta les fondements de cet Empire formidable qui dans la ſuite ſoumit l'univers entier à l'eſclavage. Pour moi que le ſon de la trompette épouvante, & qui n'ai jamais viſité les Muſes qu'à la ſuite des amours, je veux décrire comment Vénus fonda ſon aimable empire dans l'Iſle de France ; & par quel art divin elle peupla une heureuſe contrée de cette Nation vive & légere qui lui rend un culte ſi fidéle.

Roi de la France, & Tyran du reſte de la terre, toi que Vénus mit au monde ſur un lit de fleurs, la premiere fois qu'elle parut à Idalie aux yeux des mortels ; toi dont les fléches dorées pénétrent dans les voutes des cieux, & juſqu'au ſein des enfers ; Amour, je t'invoque aujourd'hui, guides mes pas dans

la

la carriere que je me ſuis tracée, & daignez m'inſpirer les accens qui touchent, & ſurtout ces accens qui ſubjuguent le peuple Femme, à qui il m'importe de plaire.

Sous un ciel pur & ſerein étoit une Iſle, qui n'avoit pas encore de nom, (on l'appelle depuis l'Iſle de France); la nature l'avoit embellie de ſes plus riches tréſors ; toute cette contrée n'étoit qu'un jardin délicieux dont la beauté n'étoit point alterée par les apprêts de l'art ; je ne la ſçaurois mieux comparer qu'à une belle femme nue. On n'y voyoit point encore de ces vaſtes aſſemblages de pierres, poſées à force de machines, les unes ſur les autres, & entrelaſſées de gros troncs d'arbres ; à leur place étoient des bois ſombres & touffus dont le feuillage toujours verd entretenoit l'image du printemps ; de vaſtes prairies où l'œil ſe jouoit ſur l'émail des plus vives couleurs ; des ruiſſeaux argentez qui couloient avec un murmure flatteur ſur l'herbe docile & dont le criſtal tranſparent réfléchiſſoit l'azur des cieux : des bocages enchanteurs dont la ſeule vûe portoit dans tous les ſens une impreſſion voluptueuſe : l'air qui étoit embaumé des plus purs parfums de Flore, étoit encore rafraichi ſans ceſſe par l'agitation badine des aîles d'une multitude de zéphirs qui folâtroient ſur le ſein de cette Déeſſe. Le plaiſir étoit comme la température du climat ; il couloit avec les ruiſſeaux, il voltigeoit ſur l'aîle des vents, & le goſier tendre & flexible des oiſeaux le chantoit en ramageant.

Un séjour si délicieux n'étoit habité que par des Nymphes. Après que le Déluge eut ravagé la terre entiere, & tandis que Deucalion & Pyrra, suivant les ordres des Dieux, repeuploient le monde, en jettant derriere eux des pierres qui s'animoient. Pyrra remplit cette Isle d'une multitude de Nymphes adorables; mais Deucalion par malice n'y voulut pas jetter la moindre pierre. Vertueuses, (car il n'y avoit point d'hommes dans toute l'Isle), les Bergeres toutes à peu près du même âge, depuis vingt ans couloient des jours tranquilles dans l'innocence & dans le repos.

Ce n'étoit pas encore la mode qu'avec des couleurs empruntées elles substituassent un visage artificiel à celui que leur avoit formé la nature, & l'on ne s'étoit pas encore imaginé qu'on pût blanchir le ſein d'une femme : il leur étoit permis de porter leur viſage naturel, & l'albâtre de leur ſein n'étoit pas acheté au poids de l'or; leurs blonds cheveux qui flottoient au gré des vents ſur leurs épaules, n'avoient pas encore appris à céder aux impreſſions d'un fer induſtrieux, & à ſe venir recourber en ſpirant ſur leur tête : elles ne s'aviſoient point de ſe parfumer, elles s'imaginoient que c'étoit l'office des fleurs d'embaumer l'air qui les environnoit. Encore moins avoient-elles penſé à ſe percer les oreilles pour y ſuſpendre de petites pierres brillantes, ou à ſe mettre ſur la peau une tâche noire pour en relever la blancheur. Le jargon des toilettes, la mode des falbalas, l'art des rubans, & la coquetterie des mouches, étoient encore inconnues parmi elles. Il n'y avoit point de boccage particulier, où certains jours de la ſemaine elles vinſſent toutes ſe réunir pour y faire aſſaut d'agréments, ſe diſputer l'art de minauder avec grace, ou de ſourire avec fineſſe. Elles erroient indifferemment dans toute l'Iſle ſuivant que leur caprice, ou que le gazouillement des oiſeaux guidoit leurs pas. Tantôt ſemblables au Zéphir, elles voltigeoient de fleurs en fleurs, & s'amuſoient à compoſer des guirlandes dont elles ſe couronnoient. Elles s'embeliſſoient ſans le ſçavoir; ſi elles ſe fuſſent douté qu'elles en paroiſſoient plus belles, peut-être qu'elles l'auroient été moins: tantôt plongeant leurs membres délicats dans le criſtal des ruiſſeaux, elles ne craignoient pas d'offrir aux yeux des tréſors dont elles ne connoiſſoient point le prix : les tendres Roſſignols à cette vûe redoubloient leur chant, & les eaux du ruiſſeau qui les baignoit, ſe hatoient d'en approcher, & témoignoient leur joye par un doux frémiſſement. Le ſoir elles ſe couchoient où la nuit en déploiant ſes voiles les avoit ſurpriſes : l'herbe fine d'un gazon leur ſervoit de lit : la pudeur ne leur faiſoit pas un crime de coucher dans un boccage, elle ne vient que lorſque l'innocence eſt perdue ; ſimples & naives elles ne ſçavoient ſeulement pas qu'il y eut une pudeur au monde; perſonne ne leur avoit dit qu'il falloit rougir ; le ſommeil verſoit ſes plus doux pavots ſur leurs paupieres appeſanties: les ſonges rians voltigeoient ſans ceſſe autour d'elles, & ſi leur nuit étoit ſans yvresse, du moins n'étoit - elle pas exempte de satisfaction. Qu'importe qu'il y eût d'autres plaisirs ! ne les connoissant pas, elles ne pouvoient les desirer. L'Aurore en ouvrant les portes du palais du Soleil venoit ouvrir leurs paupieres à la clarté du jour, les roses de leur teint rafrachies par la douce influence du sommeil, recommençoient à briller avec un nouvel éclat : elles n'avoient pas un temple consacré à la parure, où vis-à-vis d'une glace transparente, & près d'un autel chargé de pompons, d'essences, de rubans & de mouches, une prêtresse respectueuse travailla dans un profond silence à les embellir pendant la moitié du jour : comme leur beauté étoit tout leur appareil, l'instant de leur réveil étoit celui de leur toilette ; & les graces les escortoient par tout ſans qu'elles ſe donnaſſent la peine de les appeller.

Parmi toutes les Nymphes qu'un même ſort réuniſſoit dans l'Iſle, il y en avoit deux plus remarquables que les autres : c'étoit Themire & Egerie. Elles étoient très-belles, car toutes leurs compagnes auroient voulu ne les jamais voir. Leurs cœurs tendres & naifs s'étoient pris l'un à l'autre comme deux fauvettes qu'un inſtinct commun a réunies, qui ramagent enſemble, ſe perchent ſur les mêmes branches & couchent ſur le même duvet. Cependant leur caractere n'étoit pas le même. La nature en formant Thémire lui avoit donné un fonds de tendreſſe que rien n'avoit pu remplir juſqu'alors : lorſque ſes compagnes étoient le plus ſatisfaites, il lui manquoit toujours quelque chofe qui lui laiffoit encore des defirs ; elle fe fentoit née pour un autre bonheur que celui dont elle jouiffoit ; & elle ne pouvoit démêler ce bonheur inconnu. Elle avoit tranfporté le fentiment fecret de fon ame à des Roffignols qu'elle élevoit avec beaucoup de foin. D'abord cette agréable occupation effleura légerement la fuperficie de fon cœur, lui donna une douce fatisfaction, & elle crut que c'étoit là ce qu'elle cherchoit. Elle redoubla fes foins, vains efforts ; elle fut bientôt défabufée : fon cœur n'étoit pas plus rempli qu'auparavant : ce n'étoit pas des Roffignols qu'il falloit pour Thémire. Elle s'attacha de plus près à Egerie, elle ne la quitta plus, elle lui parloit, la careffoit fans ceffe, la logeoit dans fon cœur; mais cette liaifon, quelque douce qu'elle fût, la laiſſoit toujours dans la même ſituation. Dans le ſein de la félicité même, elle ſoupiroit après une autre félicité qu'elle ne connoiſſoit pas, mais qu'elle ſentoit lui manquer. Elle languiſſoit, & ſa langueur même lui étoit douce : Thémire avoit beſoin d'aimer, & elle ne trouvoit rien autour d'elle qu'elle pût aimer autant qu'elle le vouloit.

Egérie moins ſenſible à la douceur d'aimer qu'à la vanité de paroître belle faiſoit toute ſon étude de plaire ; jamais elle ne paſſoit près d'un ruiſſeau ſans le conſulter ſur ſa beauté ; ſouvent même elle s'écartoit pour en trouver. Avoit-elle rencontré quelqu'une des autres Nymphes ? elle en relevoit les attraits à Thémire pour ſe faire dire qu'elle étoit encore plus belle, & elle faiſoit ſemblant de ne le pas croire, pour ſe le faire dire pluſieurs fois. Elle aimoit à humilier ſes compagnes par la vûe de ſes charmes : & elle n'étoit jamais plus contente que lorſqu'elle avoit lû dans leurs yeux qu'elle étoit belle. Ce fut elle qui la premiere s'apperçut qu'elle avoit une gorge, & ſon triomphe fut de voir que les autres étoient fachées d'en voir une devant elle. Jamais la premiere fleur qu'elle cueilloit pour s'embellir, ne la contentoit, il falloit un choix ; encore l'heureuſe amarante ou la fortunée violette qu'elle avoit daigné choiſir ne repoſoit pas long-temps ſur ſon ſein ; elle faiſoit bientôt place à une autre plus fraiche ou plus vive qu'elle rencontroit ſous ſes pas. Egerie pour cette raiſon aimoit beaucoup les fleurs ; ſeulement

elle étoit jalouſe qu'il y eût des roſe
dans le monde; elle eût ſouhaité n'e
voir jamais, ſans elles rien n'eût égal
la beauté de ſon teint. Ces deux Nym
phes charmées l'une de l'autre, le jou
au bord des ruiſſeaux & la nuit dan
un même boccage, couloient des jou
ſereins dans la plus étroite liaiſon e
ſe communiquant tous ces riens q
rempliſſoient leur cœur.

Cependant Vénus avoit depuis long
temps les yeux attachés ſur cette Iſle
Elle ſçavoit qu'il étoit écrit dans le
Deſtins qu'un jour cette charmant
contrée ſeroit le ſiége de la galanterie
des plaiſirs & de la beauté : pour ac
complir ce grand ouvrage, elle réſolu
d'y envoyer de nouvelles créatures
dans ce deſſein elle appella l'Amour &
lui parla en ces termes :

Mon fils, vous n'ignorez pas quelle vie ennuyeuſe nous menons depuis long-temps l'un & l'autre à Paphos & à Idalie. L'eſſain des plaiſirs qui voltigeoit ſur nos traces nous abandonne en foule & déſerte notre cour, depuis qu'on n'honore plus nos autels que par cette fade langueur, cette fidélité pleureuſe, & cette monotonie des inſipides ſentiments qui ſont aujourd'hui ſi à la mode à Cythere. L'idée ſeule m'en fait frémir, & j'aimerois mieux retourner vivre avec mon mari que de mener plus long-temps une vie ſi accablante, où l'on s'endort & l'on s'anéantit dans la profonde léthargie d'une ſotte & ennuyeuſe conſtance. Nous allons dreſſer à l'avenir le plan d'une nouvelle vie : cette contrée charmante qui n'eſt encore peuplée que de Nymphes, va être notre séjour; le destin nous en abandonne l'empire: un jour cette Isle ne sera qu'un temple immense & magnifique où je serai mieux adorée que dans les Bois d'Amathonte, & où une foule de Sacrificateurs ardens immolera par jour en mon honneur plus d'un million de victimes. Ce ne seront pas comme à Cythere de ces langoureux transis qui consumez par une mélancolie mêlée de tendresse, sans cesse les yeux en pleurs vous accablent d'une fidélité éternelle & injuste: mais ce seront des aimables fous, des étourdis gais & brillans, qui trop équitables pour croire une jeune personne la seule belle, la seule adorable au préjudice de mille autres auſſi belles, auſſi adorables qu'elle, ſçauront jurer à dix à la fois qu'elles méritent ſeules d'être aimées, qu'elles arrachent ſeules l'hommage de tous les cœurs, & qui plus eſt ſçauront le perſuader. Ce ſera dans cet heureux coin de la terre qu'on verra un jeune fat faire dans un même jour auprès de vingt Maîtreſſes vingt rôles différents, avec l'air le plus faux, le plus forcé, le plus impertinent & le plus aimable : tendre avec la délicate, ſenſuel avec la voluptueuſe, il ſçaura également pleurer ſans être attendri, parler ſentiment ſans être touché, tourmenter ſans être jaloux, feindre l'amour le plus paſſionné n'ayant que des deſirs, jurer en même temps à vingt perſonnes la conſtance la plus parfaite, & pouſſer l'habileté juſqu'à cacher entiérement à chacun des objets de ſes feux, tous ſes autres attachements, tandis qu'il fera connoître au plublic les moindres faveurs qu'il en reçoit, & même celles qu'il ne reçoit pas. En un mot je ferai tous les ſoins, toute l'occupation de ce peuple chéri : le deſir de plaire aux femmes reglera l'eſprit & le cœur : on ne penſera, on ne parlera que pour les ſubjuguer : pour les imiter, on ſe réduira à parler ſans penſer, à écouter ſans entendre, à raiſonner ſans rien dire, à lorgner en regardant, à minauder, graſſayer, jouer la coquette & l'indolente. Les ſoins d'une toilette feront

ront l'occupation de la moitié du jour, l'autre moitié se passera à voler de la promenade au spectable, d'un spectacle à l'autre, du spectacle retourner à la promenade pour montrer en même temps à toutes les belles de la ville son amour, & au public sa fatuité. Tels doivent être le caractere & les talens du peuple qui doit un jour habiter cette Isle ; par la maniere dont vivent les belles personnes qui l'habitent aujourd'hui, vous voyez combien elles sont éloignées de la perfection à laquelle est destinée leur postérité. Mon fils, voici le jour marqué par les destins pour retirer ces jeunes Bergeres de la profonde ignorance dans laquelle elles ont vêcu jusqu'à ce temps : c'est vous que j'ai choiſi pour leur annoncer le bonheu qui les attend ; prevenez ces innocen tes inſulaires ſur le nouveau genre d créatures qui doivent bientôt s'unir elles : ouvrez leurs cœurs aux tendr impreſſions du nouveau ſentimen qu'elles doivent éprouver : ce mini tere doit être celui de l'amour ; pa tez, mon fils, allez exécuter les ordr du deſtin.

L'Amour ſourit en écoutant ſa M re ; auſſi-tôt prenant ſes fléches & ſ bandeau des mains des graces qui l portoient ; il appelle les vents pour transporter ſur leurs aîles rapides : aſ ſur un nuage d'or & d'azur, il fend l airs avec rapidité, & laiſſe derriere l un vaſte ſillon de lumiere. Arrivé a dessus de l'Isle des Nymphes, il contemple pendant quelque temps la beauté de ce délicieux séjour, & les trésors qui l'embellissent : il ne put s'empêcher de sourire en pensant au nouveau mouvement qu'il alloit exciter parmi ce peuple de beautez. L'Amour n'eut pas plûtôt mis le pied dans l'Isle que tout parut s'animer : la verdure des bocages devint plus touchante, les branches des arbres s'entrelasserent d'elles-mêmes les unes dans les autres, les ruisseaux sembloient murmurer avec plus de douceur, les Rossignols & les Fauvettes chanterent tout à coup & redoublerent leurs baisers enflammez : l'air qu'on respiroit dans l'Isle comme ammolli par la présence de l'Amour.

fit couler dans tous les ſens une langueur délicieuſe; & l'Iſle entiere par un doux frémiſſement s'agita & rendit hommage à ſon ſouverain.

CHANT SECOND.

C'ÉTOIT le temps où la nuit commence à replier ſes voiles ſombres & où les heures, filles du matin, prêtes à lancer dans les airs le char doré du Soleil, commencent à ſemer ſur ſon chemin les roſes qu'elles ont cueillies dans les jardins de l'Aurore. Thémire dans les bras du ſommeil, goûtoit encore les douceurs du repos. Un bocage de myrthes lui avoit ſervi d'azyle cette nuit: couchée ſur un lit de fleurs, le viſage tourné contre les lambris verds qui lui ſervoient de toit, le ſein découvert, les pieds à moitié enfoncez dans le gazon; une legere gaze flottoit autour d'elle, & l'or de ses blonds cheveux épars parmi l'herbe & les fleurs faisoit avec elles une agréable nuance. Le fils de Vénus la trouva belle en cette posture, & s'il n'eût alors aimé Psyché, son coeur se seroit enflammé : il s'approcha de plus près, il vola sur elle, il cueillit un baiser sur ses levres de corail, & couvrit son beau sein de ses aîles tremblantes. Thémire au même instant poussa un soupir, ses joues parurent s'allumer, & tout son corps se transit. L'Amour crut qu'elle s'alloit réveiller & il s'enfuit aussi-tôt : il la regarda de loin, & s'appercevant qu'elle dormoit encore, il se prépara à exécuter les ordres de sa mere.

Aussi-tôt il se dépouille de ses aîles & de son bandeau, il décharge ses épaules du carquois doré qui flottoit derriere lui, & le ſuſpend aux branches d'un myrthe voiſin qui plia ſous le poids redoutable : il ſe transforme en un de ces Marquis tels qu'on les voit aujourd'hui étaler ſur le Théâtre leurs minois pinçez dont ils ſont idolâtres : il avoit conſervé la beauté de ſa figure : ſeulement il avoit relevé la perfide douceur de ſes yeux par je ne ſçai quoi d'entreprenant & d'audacieux qu'il y avoit mêlé : ſur ſa chauſſure délicate étinceloit un double rang de diamans, dont l'éclat défioit les rayons naiſſans de l'Aurore ; & ſur ſa jambe fine & déliée ſembloit ondoyer la moire d'une ſoye polie & tranſparente : ſes deux mains à demi enfoncées dans la ceinture, ſervoient comme d'appui à la riche broderie d'une veſte du goût le plus magnifique & le plus galant : & ſa tête ſurmontée d'un édifice élégant que couvroit une neige blanche, tournoit audacieusement ſur ſon pivot de l'air le plus étourdi & le plus aimable. Ce fut dans cet appareil qu'il vint ſe préſenter en ſonge à Thémire. La Nymphe crut l'appercevoir debout à côté d'elle, il lui ſembloit qu'il avoit les yeux attachez ſur ſon beau ſein : ſurpriſe de voir tant de charmes ſi nouveaux pour elle, elle voulut ſe récrier : l'admiration étouffa ſa voix ; ſeulement elle le regardoit attentivement : ſes yeux dévoroient avec yvreſſe cette figure inconnue, & ſon cœur-ſembloit voler vers le nouvel objet qu'elle enviſageoit. Une flamme ſecrette couloit dans tous ſes ſens & mille penſées confuſes agitoient ſon eſprit d'une maniere auſſi nouvelle qu'agréable : tandis qu'elle étoit dans cette ſituation, elle crut voir la charmante figure ſe courber pour lui baiſer la main avec tendreſſe, & ſa main alla d'elle-même au devant des levres qui la cherchoient : fatal baiſer qui augmenta le feu qui la brûloit. Le jeune homme s'aſſit ſur le gazon à côté de Thémire, & Thémire le vit à côté d'elle avec tranſport : il la prit dans ſes bras, & elle n'eut pas la penſée d'y réſiſter : tout ſon corps éprouvoit un eſpece de tremblement, ſon ſein étoit comme embrazé, & ſon cœur par des élans redoublez ſembloit vouloir ſe détacher d'elle-même. Cependant l'aimable précepteur ſiffla trois fois, trois fois careſſa ſes levres minaudieres : en même temps ſa bouche parut ſourire, & Thémire crut entendre ces paroles : Aujourd'hui tu ſeras heureuſe ; les

Dieux envoyent dans ton Isle de nouvelles créatures : tu gouteras des plaisirs, que jusqu'ici on n'a pas connus. Au même instant l'Amour disparut, & Thémire se réveilla.

Son premier mouvement fut de promener ses regards de tous côtez autour d'elle ; mais n'appercevant rien, elle ne put s'empêcher de gémir : ses yeux étoient encore pleins de l'objet qu'elle avoit vû en songe, & le son de ses paroles sembloit errer autour de ses oreilles ; elle regardoit attentivement tout ce qui l'environnoit, elle écoutoit le silence des bocages, chaque feuille que le jeu des oiseaux ou l'agitation des vents faisoit remuer, lui paroissoit devoir être le son enchanteur de la voix qui l'avoit frappée ; dans l'yvresse qui la possédoit, il lui sembloit qu'elle devoit toujours l'entendre, ſur tout elle ne pouvoit concevoir quels étoient ces plaiſirs inconnus qui lui étoient promis: quelquefois elle faiſoit des vœux pour que ces nouvelles créatures avec qui elle devoit vivre, reſſemblaſſent à celle qui le lui avoit annoncé; mais elle n'oſoit l'eſpérer, tant elle lui avoit paru charmante; inquiéte & réveuſe, elle erroit dans les bois pour voir ſi elle ne les rencontreroit pas: elle craignoit que quelqu'une de ſes compagnes ne les trouvât avant elle, ſans ſçavoir pourquoi elle en auroit conçu un déplaiſir mortel: même elle ne put ſe défendre d'une ſecrette envie de plaire; en paſſant près d'un ruiſſeau un mouvement ſecret l'engagea à s'y regarder, elle ſe félicita de ſe trouver belle, & pour le paroître davantage, elle prit ſoin d'aſſembler quelques boucles ſur ſa tête, elle voulut même orner ſon ſein de quelques fleurs, & elle les arrangea avec un plaiſir mêlé d'une douce inquiétude: telle étoit ſon yvreſſe, qu'au coin de chaque boſquet elle croioit rencontrer ce que ſon cœur déſiroit : ſurtout elle avoit bien ſoin de ſe perſuader que ce qu'elle avoit vû n'étoit pas un ſonge : tout à coup elle entendit quelque bruit, elle crut que c'étoit une des nouvelles créatures : ce n'étoit qu'Egerie. Elle lui en voulut de l'avoir ainſi trompée, comme ſi elle l'eût fait à deſſein : elle voulut la quitter pour continuer ſes recherches ; Egerie l'arrêta, & lui demanda la raiſon du trouble qui ſembloit l'agiter ; alors Thémire lui raconta ſon ſonge ; ah, ma chere Egerie, pourſuivit-elle, ſi tu l'avois vû ! combien il étoit aimable ... il avoit les yeux faits comme les nôtres ; mais quelle différence quand je regarde les tiens ! il me sembloit que les ſiens portoient dans mon coeur mille traits de flamme ... oh non, ce n'eſt sûrement pas un ſonge ... j'en ſuis sûre, je le prouverois évidemment... tiens premierement ... on ne rêve pas comme cela ... je voyois réellement quelque choſe de ſi aimable ... de ſi charmant ... oui ... je rêve tous les jours & jamais je n'avois ſenti ... & il m'a parlé sûrement, je l'ai bien entendu ... puis mon coeur me le dit ... il ne ſe trompe pas, non ... & quand il m'a priſe dans ſes bras, car il en avoit comme nous ... ſi tu ſçavois ce que j'ai ſenti ... quels tranſports ! ... Non, je ne puis te l'exprimer. Mon ame à peine pouvoit ſuffire aux deux mouvemens qui l'agitoient.... Ah ! les plaiſirs inconnus que nous devons goûter avec ces nouvelles créatures pourroient-ils être ſi grands ? Peuvent-ils même égaler ceux que je ſentois ? ... Quel bonheur ſi on pouvoit les goûter deux fois ! ... Mais tout à coup je me ſuis réveillée ; depuis ce temps triſte & ſolitaire, je porte partout les traits qui m'ont bleſſée : je ſuis dévorée par les feux qui ſont allumez dans mon cœur. Je marche au hazard ... je cherche je ne ſçai quoi. Mon cœur ſent bien que ſon bonheur dépend de quelque choſe qu'il n'a pas, mais en même temps il ne ſçait où adreſſer ſes vœux : tout me paroît changé dans la nature : ces jardins & ces boſquets où j'aimois tant autrefois à m'égarer, me paroiſſent des déſerts affreux où je ne ſçaurois trouver rien de ce que je désire : cependant un espece d'instinct m'entraîne malgré moi : je sçais bien que je ne trouverai rien, mais je trouve de la douceur à chercher, que sçait-on ? Peut-être que les Dieux ne veulent pas se jouer de moi par de vaines espérances. Du moins cette idée flatteuse fait mon bonheur pour quelques instants, elle séduit ma raison. Quelquefois j'adresse la parole à cet être charmant qui m'a parlé ce matin, comme s'il étoit présent & qu'il pût m'entendre : je lui parle, je le prie de se montrer à moi ; cet espece de délire a fait même que j'ai pris plus de soin de ma parure, & ... tandis qu'elle s'entretenoit avec Egerie, elle apperçut tout à coup l'Amour qui voltigeoit autour d'elle. Le Fils de Vénus avoit repris sa véritable figure : des vêtemens jaloux en cachoient plus les charmes de ſon corps enfantin : ſes blonds cheveux qu'il avoit laiſſé pendre négligemment, couvroient l'yvoire de ſes blanches épaules, & ſes aîles brillantes qui s'agitoient avec légéreté dans les airs, le portoient en folâtrant autour des deux Nymphes. Surpriſes de voir un ſi bel oiſeau qui leur avoit été inconnu juſqu'alors, d'abord Egerie & Thémire ſe regarderent l'une l'autre : dans tous les bocages qu'elles avoient parcouru enſemble : elles n'en avoient pas encore vû de pareil : quoiqu'il n'eût pas de plumes, & qu'il ne reſſemblât ni aux Roſſignols ni aux Fauvettes qu'elles aimoient beaucoup, elles ne laiſſerent pas de le trouver charmant, & elles coururent auſſi-tôt après lui pour l'attrapper. L'Amour fuyoit en badinant devant

devant elles, & rioit en lui-même de l'innocence de ces Bergeres qui le mettoient au rang des ſereins & des linottes : quelquefois il s'arrêtoit ſur une branche de myrthe pour leur donner le temps d'approcher, & lorſque tranſportées de joye elles étendoient les mains pour le ſaiſir, auſſi-tôt s'élevant en l'air il s'éloignoit à tire d'aîle. Souvent comme s'il eût été fatigué, il ralentiſſoit la rapidité de ſon vol, pour leur faire eſpérer qu'elles l'attraperoient bientôt. C'eſt ainſi que par mille jeux innocens le fripon d'amour amuſoit la crédulité de ces Nymphes : elles ne ſçavoient pas encore que c'eſt un enfant capricieux qui fuit ſouvent ceux qui le cherchent, & qui court après ceux qui le fuyent. Egerie n'avoit pas couru long-temps ; laſſée de pourſuivre un oiſeau ſi farouche, elle s'étoit bientôt arrêtée : Thémire, la tendre Thémire couroit ſeule après lui de bocage en bocage ! Elle étoit étonnée d'éprouver à la vûe de cet oiſeau myſtérieux, une partie du trouble qu'elle avoit reſſenti dans ſon ſonge : il lui ſembloit qu'un long trait de flamme partoit de l'endroit où il voloit juſques à elle : & elle n'avoit pu ſe défendre d'un mouvement de joye en voyant que Thémire s'étoit arrêtée, elle eſpéroit le poſſéder toute ſeule ſi elle pouvoit l'attrapper. Que le temps paroît long, lorſque l'on court après l'Amour ! Thémire le pourſuivoit depuis une heure, & elle s'imaginoit qu'il y avoit au moins une journée. Déſeſpérée de ne pouvoir l'atteindre, elle tomba de laſſitude ſur un gazon.

L'endroit où elle s'arrêta étoit délicieux par ſa fraîcheur. C'étoit une enceinte de myrthes, environnée de tous côtez d'un buiſſon de roſes ; le ſommet des arbres entrelaſſez l'un dans l'autre, formoit un toît de verdure impénétrable aux rayons du Soleil ; la nature avoit diſpoſé tout autour des ſiéges de gazon tapiſſez de fleurs, une onde pure & tranſparente couloit au milieu ſur un ſable d'or. La beauté du lieu, la laſſitude, invita Thémire à ſe baigner ; elle détacha l'agraffe qui retenoit le voile qui la couvroit : & auſſi-tôt le voile tombant à ſes pieds, laiſſa voir à découvert tous les charmes de ſa perſonne. Elle étoit telle qu'on dépeint Venus, lorſqu'au ſortir de la mer qui lui donna naiſſance, les Tritons la reçurent dans une conque de corail, pour la conduire au rivage de Cythere. Son ſein, ſa belle tête, ſa jambe tendre & delicate & les thréſors les plus ſecrets dont l'avoit enrichie la nature, parurent alors dans tout leur éclat : c'étoit la ſtatue de Pygmalion, ſi elle eût été animée. Elle étoit prête à s'élancer dans l'eau ; ce fut dans cet inſtant que l'amour reparut. Un ſentiment qu'elle ne demêla pas bien, lui fit auſſitôt courir à ſon voile, puis appellant l'Amour qui vint à elle, elle le prit dans ſes bras, elle le careſſa tendrement : elle tenoit ſes aîles de peur qu'il ne s'envolât, lorſque tout à coup il prononça le nom de Thémire. La Nimphe ſurpriſe de s'entendre nommer, n'oſoit preſqu'en croire ſes oreilles ; elle commença à ſe douter que ce n'étoit pas un oiſeau ſemblable à ceux qui voltigeoient dans ſes bocages; curieuſe, elle lui demande auſſitôt s'il n'étoit pas une des créatures qui devoient venir habiter cette isle pour leur procurer des plaisirs inconnus. Alors l'Amour lui parla en ces termes : belle Thémire, tout ce qui s'est passé ce matin n'est point une illusion, vous en verrez l'accomplissement avant la fin du jour : c'est moi-même qui me suis venu presenter à vous sous une figure que vous ne connoissiez point encore. Je suis une Divinité qui veille au bonheur de tous les êtres, & je suis descendu tout exprès du Ciel pour faire cesser cette languissante uniformité dans laquelle vous vivez. C'est moi qui vous envoïe aujourd'hui ces nouvelles créatures. Ah ! dit Thémire, comment est-ce qu'on les appelle ? Viendront-elles bientôt ? que sçavent-elles faire ? Quels sont ces plaisirs que l'on goûte avec elles ?

On les appelle hommes, reprit l'Amour. Un homme eſt un animal, qui a les mêmes ſenſations, & fait les mêmes mouvemens que vous; ils n'auront d'autre occupation que celle de tâcher de vous plaire, de vous imiter en tout, de copier vos goûts, de loüer tout ce que vous ferez; ils vous ſuivront partout: ils demeureront tout un jour avec vous, & ſans avoir rien à dire, ils trouveront l'art de parler continuellement. Eſt-ce qu'ils ſçauront parler auſſi? demanda Thémire: ſans doute; c'eſt ce qu'ils ſçavent le mieux faire: ils ſçauront vous dire tout ce que vous voudrez; & au lieu que votre perroquet ne vous dit que ce que vous lui avez ſiflé auparavant: un homme, ſans que vous lui diſiez rien, devinera ce que vous ſouhaitez, & vous jurera que vous êtes charmante, qu'il vous aime; qu'il vous adore. Ah! s'écria Thémire, que cela eſt joli! que je les aimerai! ſi leur voix pouvoit être auſſi agréable que celle que j'ai entendu ce matin ... elle ſera la même, pourſuivit l'Amour; mais il faut que je vous apprenne leur langage: car ſi, lorſque vous vivrez avec eux, vous alliez interprêter leurs diſcours dans le ſens ordinaire, vous vous méprendriez cruellement, & tout votre bonheur ſe changeroit en amertume; ils ſe ſerviront bien des mêmes paroles que vous employez parmi vous, mais elles ne voudront preſque jamais dire la même choſe. Par exemple, lorſqu'un d'entr'eux, les yeux baignés de larmes, & le ton paſſionné, ſe jettant à vos pieds, vous tiendra ce diſcours: oui, belle Thémire, je ne cesserai jamais de vous aimer, ma passion ne pourra finir qu'avec ma vie : que croyez-vous que cela voudra dire ? Mais, dit Thémire, rien n'est si clair, cela veut dire qu'il m'aimera toujours .... tant qu'il vivra. Oh, oui, reprit l'Amour, croyez cela, & puis lorsque votre Amant aura une fois ce qu'il desire, satisfait & content, son goût s'émoussera.

Le volage vous quittera,
Et ma Bergere pleurera.

Alors vous apprendrez ce que c'est que d'ignorer la véritable signification des termes. Tandis qu'il en est temps je m'en vais vous instruire du sens de ces paroles. Lors donc que votre Amant vous jurera que son ardeur ne pourra finir qu'avec ſa vie ; c'eſt comme s'il vous diſoit :

Oui, ma belle,
Je vous trouve aujourd'hui tout à fait à mon gré,
Nous ſommes aſſez bien aſſortis ce me ſemble,
Si le cœur vous en dit, ma foi, j'y ſouſcrirai,
Nous nous amuſerons enſemble.
Au ſurplus je vous aimerai
Auſſi long-temps que vous ſerez aimable,
Ou que vous me le paroîtrez.
Mais auſſi vous me permettrez,
Dès qu'une autre à mes yeux ſemblera préférable,
Ou, que mes deſirs ſatisfaits,
Auront éteint des feux uſez par l'habitude,
De briſer pour jamais une chaîne trop rude,
Et d'aller voir ailleurs ſi de nouveaux attraits
A de nouveaux plaiſirs pourront ouvrir mon ame,
Et me faire ſentir, dans ma nouvelle flamme,
Ces tendres mouvemens & ces plaiſirs ſi doux
Que mon cœur émouſſé n'aura plus près de vous.

Mais au fond, dit Thémire, je ne

trouve rien là que de fort raiſonnable; il eſt juſte d'accorder la préférence à l'objet le plus aimable : pourquoi vouloir exiger d'un pauvre malheureux qu'il reſte colé auprès de vous, quand il ne fait que s'y ennuyer. Il eſt vrai, reprit le Fils de Vénus, rien n'eſt ſi injuſte :

Vouloir fixer d'un cœur les volages amours,
C'eſt vouloir arrêter un fleuve dans ſon cours :
Mais tout injuſte enfin, c'eſt un uſage antique.
C'eſt un empire deſpotique
Que chaque belle affectera toujours
Sur ſes captifs ; & leur beauté l'exige.
Laiſſez fuir un Amant, c'eſt preſque convenir
Que vos foibles attraits n'ont pu le retenir :
A le bien garotter votre honneur vous oblige.
Et s'il s'échape enfin ! Oh Ciel, quel impoſteur!
On ne ſçauroit ſurvivre à ſon malheur,
C'eſt-à-dire, au mépris que l'on fait de vos charmes,
Car ce n'eſt pas la perte de l'Amant
Qui déſeſpere & fait verſer des larmes,

Cette perte ſe peut reparer aiſément.
Mais la ſource de tant d'allarmes
N'eſt que le cruel déſeſpoir
De voir que la beauté n'a pas tout le pouvoir
Dont elle ſe flattoit : c'eſt là ce qui l'étonne.
Ainſi lorſqu'en ces mots une Amante en fureur
A ſon volage Amant reproche ſon malheur ;
Quoi le perfide m'abandonne ?
Je me croiois maîtreſſe de ſon cœur :
Mais je me trompois, ah ! j'en mourrai de douleur.
Voici le ſens : eh quoi l'on me mépriſe !
Juſqu'à ce jour mon orgueil s'eſt flatté
Du ridicule honneur d'avoir quelque beauté :
O Ciel ! me ſerois-je mépriſe ?
Oui, je me trompois, ah ! j'en mourrai de douleur.

Mais pourquoi toutes ces façons, dit Thémire ? pourquoi ne pas dire tout de ſuite qu'on eſt bien fâchée de n'être pas ſi aimable qu'on le croyoit ? Ah, reprit vivement l'Amour, gardez-vous bien de faire jamais un pareil aveu ;

Il ne faut pas par des discours trop vrais
Rabaisser le pouvoir de vos brillants attraits ;
Et trahir l'intérêt de ce peuple de belles
Qui doivent dans la suite habiter ce séjour :
Souvenez-vous que quelque jour
Vos exemples seront leur regle & leurs modeles.

Ecoutez donc bien ce que j'ai à vous dire : il faudra toujours que ce soient vos amans qui soient coupables de tout ce qui arrivera dans votre commerce : lorsque le retour de l'âge vous privant des attraits qui les avoit attirés les fera déserter, il ne faudra voir en eux que des lâches, des perfides & des cœurs insensibles à l'amour. Lorsqu'un nouvel objet aura surpris votre tendresse, il ne faudra pas manquer, pour autoriser votre infidélité, de donner à celui que vous quittez, les noms de parjure, d'inconſtant & d'infidele; & de lui dire, avec quelques ſoupirs, qu'on auroit été trop heureuſe de pouvoir vivre avec lui dans un éternel amour ; mais que puiſqu'il a eu la lâcheté de vous abandonner le premier, il n'a qu'à s'attendre à toute la haine d'une amante mépriſée. Une belle doit terminer ces mots par un profond ſoupir ; alors ſon amant aura beau par les plus affreux ſermens vouloir diſſiper ces prétendus ſoupçons : il faut que ſans ſe laiſſer ébranler, elle ajoûte que ce n'eſt qu'à regret qu'elle ſe réſout à ne le plus voir, qu'elle ſent bien qu'elle aura de la peine à le haïr, mais que cependant la réſolution en eſt priſe, que l'honneur offenſé l'exige : en diſant ces mots, on lui deffend de ne ſe jamais plus montrer à ſes yeux ; & vous voilà débaraſſée avec honneur d'un amant dont la préſence importune, vous gênoit dans vos nouveaux amuſemens. Par ce moyen on vient à bout de changer d'amans comme d'habits, ſans pouvoir être accuſée d'inconſtance. Oh ! s'écria Thémire, que tout cela eſt commode ! je vous aſſure que je ne l'aurois jamais deviné. Vous voyez, pourſuivit l'Amour, qu'il étoit très-important que je vous appriſſe cette langue : chaque art, chaque ſcience a ſes termes particuliers qu'il faut entendre ſouvent tout autrement qu'on ne les entend d'ordinaire. Par exemple, les mots de promeſſes, de ſermens, d'affliction, je parie que vous ignorez entiérement leur ſignification en amour... Mais comment, dit Thémire, ceux-là ne peuvent avoir deux ſignifications;

ainſi donc, reprit l'Amour, lorſqu'un amant jurera par ſa tendreſſe, par vous-même qu'il vous adore, qu'il n'aimera jamais que vous, vous croirez que tout cela doit s'entendre naturellement? Sans doute, dit Thémire. Si bien, ajoûta l'Amour, que vous feriez ſcrupule de douter tant ſoit peu de ce qu'on vous auroit dit après de pareils fermens? Mais, répliqua la Nymphe, quelle plus grande aſſurance voulez-vous qu'on donne que d'atteſter les Dieux? Fy donc, quelle maxime!... Défaites-vous promptement de cette morale. Elle eſt bonne dans la vie ordinaire, mais en amour elle a tout un autre ſens. Elle eſt comme les mots de devoir, honneur, bienſéance, dont on fait parade pendant une foible réſiſtance pour ſe faire eſtimer : tous ces mots n'ont point de ſignification bien diſtincte, ils offrent à l'eſprit l'image confuſe de quelque choſe de dur, de triſte, & d'un fantôme effrayant qui n'a aucune réalité : ainſi ſans écouter les leçons gênantes, ſçachez qu'il eſt permis en amour d'étourdir une maîtreſſe par une infinité de ſermens, d'autant plus que perſonne n'y eſt trompé : ſouvenez-vous donc que ces ſermens, qu'on vous adorera toujours, dans la bouche d'un amant, veulent dire à peu près : la vanité fait croire à une belle qu'elle eſt une petite divinité, il faut bien l'entretenir dans ſon erreur & lui dire qu'on l'adore : elle eſt d'elle-même très-portée à me croire, mais pour ſe prêter avec honneur à mes deſirs &

aux

aux ſiens, il lui faut un prétexte par lequel elle puiſſe ſe perſuader à elle-même que ma paſſion eſt réelle : prodiguons-lui les promeſſes & les fermens; elle ne les croira point; mais elle fera ſemblant, & cela ſuffit pour l'extérieur : voilà la ſignification de promeſſes & ſermens.

Pour le mot d'affliction qui marque d'ordinaire l'impreſſion que fait ſur nous une choſe déſagréable, belle Nymphe, ſçachez qu'en amour il n'y en a aucune : qu'un amant qui dit à ſa maitreſſe, qu'il a été dans une mortelle affliction pendant ſon abſence, dit autant que lorſqu'il lui vante ſes attraits, ſes appas, ſa beauté : c'eſt-à-dire, que tous ces mots ſont dans la langue galante d'un uſage d'autant plus commode, qu'on s'en ſert indifferemment avec la belle & avec la laide. En vérité, dit Thémire, je n'entends rien à tout ce que vous me dites-là. Puiſqu'ils vantent également la beauté des belles & des laides, il ne faut donc jamais les croire. Ce ſeroit bien le mieux, reprit l'Amour : mais il eſt marqué par les deſtins, que les filles en croiront toujours là-deſſus deux fois plus qu'on ne leur en dira : comment auroient-elles la cruauté d'accuſer de parjure un homme qui leur jure mille fois qu'il n'y a rien de ſi aimable qu'elles ? Elle les croiroient quand d'autres leur jureroient le contraire. Oh tenez, à la fin, dit Thémire, je croirois que vous voulez railler; mais quoi que vous me disiez, j'aime mieux croire tout de suite ce qu'ils me diront sans rien examiner... de peur de perdre à l'examen, répliqua l'Amour en souriant. En cela comme en tout, votre postérité vous imitera parfaitement : & lorsqu'un amant, pour avancer ses affaires, jugera à propos de parler de beauté à sa maitresse, elle ne sera point assez impolie pour lui faire l'injure de le croire imposteur. Je viens, continua-t-il, de vous réveler des mystéres qui vous étoient inconnus jusqu'ici : je consens à vous découvrir tout mon empire & l'hiſtoire de votre poſtérité. Suivez-moi par les nouveaux chemins que je vais vous tracer.

CHANT TROISIE'ME.

UN char brillant ſe préſenta tout à coup à la vûe de Thémire : il n'étoit point tel que ceux que la moleſſe & le luxe firent rouler depuis dans l'Iſle avec tant de faſte & d'effroi : ce n'étoit point un de ces palais dorez & tranſparens enlevez par des animaux fiers & rapides que dirige un gros automate à large plumet : c'étoit un char d'yvoire plus blanc que la neige, auquel étoient attachées deux colombes de Vénus. Thémire y monte avec l'Amour : & auſſi-tôt ils ſont emportez à travers les vaſtes régions des airs ; l'Iſle qu'ils venoient d'abandonner diſparoît bientôt à leur vûe : déja dans l'immenſe éloignement où ils ſont, la terre ne leur paroît plus qu'un point imperceptible, nageant dans un vaſte océan de flots d'azur : ils arrivent dans un globe étincelant, environné de cercles, d'anneaux & de cometes. Ce globe, dit le Fils de Vénus à Thémire, eſt le ſéjour de tous les Amans qui doivent naître : la main du deſtin y a marqué elle-même la place aux différentes nations deſtinées à vivre ſous mes loix : approchons, nous pourrons voir leurs portraits juſqu'à ce que nous arrivions à l'endroit où ſont ceux qui doivent habiter votre iſle.

Les premiers qui ſe préſentent à nous, ſont les habitans d'une iſle, fiere rivale de la vôtre ; ils doivent un jour remporter la gloire d'avoir en tout temps un grand nombre d'énormes édifices de bois ſur la mer, qu'ils appelleront des vaiſſeaux, de tuer & d'être tuez dans les batailles avec plus de courage que les autres peuples, & de connoître mieux que le reſte de la terre combien les aſtres employent de jours, de minuttes & de ſecondes à faire leurs révolutions. Ces peuples faits pour penſer & pour calculer, n'ont pas le temps d'avoir de la tendreſſe, ils toiſent l'Amour géométriquement, & reglent avec le compas la meſure qu'ils en doivent prendre : leur cœur glacé par la froideur de leur climat, n'aime que par réflexion, & jamais par ſentiment ; ils veulent de la ſolidité dans la galanterie, comme dans un Ouvrage de Mathématique; point d'amour qui n'aboutiſſe à un lien éternel & ſincere. Quand ils ſe marient, ils n'épouſent que les corps : ils acquérent une femme comme un meuble de nuit qui figure pendant la journée dans un appartement, ainſi qu'un brillant trumeau ſur une cheminée. Durant le jour, durs & peu complaiſans ; pendant la nuit, exigeant les plaiſirs comme un devoir, en rougiſſant comme d'une foibleſſe. Oh, les êtres mauſſades, s'écrie auſſi-tôt Thémire ! que je plains les femmes qui ſont obligées de vivre avec eux ! auſſi, reprit l'Amour, elles voudroient bien n'être pas de leur pays ; & elles n'ômettent rien pour l'oublier : car lorſque quelqu'aimable étranger aborde dans leur isle, elles ont grand soin de se dédommager. Tournez les yeux de ce côté, tandis que dans ce Caffé cette troupe d'insulaires en petites perruques, en longs chapeaux, & une pipe à la bouche, lisent les gazettes, en fronçant le sourcil, & avallent la fumée & les nouvelles; voyez comme leurs milledis passent des heures délicieuses avec ces jeunes Chevaliers qui sont assis tendrement à côté d'elles sur des sophas. Oh, s'écria Thémire, à la vûe de ce spectacle, je suis charmée que les longs chapeaux soient ainsi duppez, pourquoi ne sont-ils pas plus aimables? En avançant toujours sur le même terrein, ils apperçurent un objet qui les frappa. C'étoit un appartement vaste & ténébreux: les murs tapissez en noir portoient la livrée du deuil & de la mort : au milieu étoit ſuſpendue une lampe qui jettoit une lueur ſombre & pâle, plus affreuſe encore que les ténébres : dans l'enfoncement on voyoit un tombeau à côté duquel étoit une table couverte d'un drap noir, & ſur cette table un livre. A la lueur du flambeau ils apperçurent de loin une belle femme qui avoit les yeux fixez & immobiles ſur ce tombeau : Thémire ne put s'empêcher de gémir : elle demanda à l'Amour ce que ſignifioit ce lugubre appareil. Cette femme que vous venez de voir, lui dit le Fils de Vénus, concevra une violente paſſion pour un jeune Mylord, la mort le lui ravira preſque dans ſes bras, & elle conſacrera le reſte de ſes jours à cette retraite obſcure où elle fera placer le tombeau de ſon

Amant, pour y nourrir ſa douleur par les objets funebres qui l'environnent. Thémire pourſuivoit ſon chemin avec l'Amour en faiſant de triſtes réfléxions ſur ce qu'elle avoit vû, lorſqu'un ſpectacle encore plus funeſte vint frapper ſes yeux : une belle femme couverte des ombres de la mort & noyée dans ſon ſang : une lettre décachetée & à moitié déchirée dans ſa main gauche, une épée nue & ſanglante dans la droite : Thémire détourna la vûe avec horreur : l'Amour lui dit : vous venez de voir une femme qui ſera long-tems aimée d'un jeune étranger qu'elle adorera : elle apprendra un jour ſon infidélité par cette lettre que vous lui voyez dans la main, & auſſi-tôt elle ſe donnera la mort de déſeſpoir : mais ſortons vîte de ce climat funeſte : ſi l'air ſombre & noir qu'on y reſpire venoit à vous gagner, que deviendroit votre aimable poſtérité ?

Qui ſont ceux qui ſe préſentent ici à nous ? Le pays qu'ils doivent habiter ſera un jour le pays des Monſignors & des Baladins. Comme le climat approche plus vers le midi, leurs joues ſont plus colorées & leurs cœurs plus tendres : ils aiment par ſaillie : leur cœur eſt un ſalpêtre qui s'embraſe au moindre feu, brûle pendant quelque tems avec violence, & s'éteint comme un méteore : ils ne connoiſſent que les extrêmes, leurs paſſions n'ont ni orient ni couchant, elles naiſſent & finiſſent dans leur midi. Priſe une fois la tendreſſe eſt pour eux une occupation : c'eſt une étude de délicateſſe &

de ſentiment : les plaiſirs qui ſont ailleurs le but de l'Amour & preſque toujours ſon tombeau, chez eux en ſont la nourriture. La tendreſſe des femmes eſt vive, curieuſe, pleine de détails : tournez les yeux à votre droite, voyez comme cette femme a les yeux attachez ſur ſon amant : comme elle obſerve ſon attitude, ſes mouvemens ; comme elle eſt en faction pour arrêter tous ſes regards au paſſage : quels feux ! quels tranſports ! regardez ſes joues enflammées, avec quelle paſſion elle ſe laiſſe tomber dans ſes bras ! il ſemble que ſon cœur va voler dans le cœur de celui qu'elle adore ! entendez-vous comme elle lui reproche qu'il n'eſt pas encore aſſez tendre, & cependant quels témoignages d'amour ! elle eſt jalouſe de ce qui peut voir & entendre dans l'univers quelqu'autre chose qu'elle : elle ſouhaiteroit être ſeule avec lui dans le monde pour lui donner & pour en recevoir plus de marques de tendreſſe : des feux ſi violens ne ſçauroient durer long-tems. Mais c'eſt trop nous arrêter ; laiſſons-la s'enyvrer du bonheur d'aimer ; & pourſuivons notre chemin.

Thémire en avançant avec l'Amour apperçut bientôt un ſpectacle qui l'étonna. C'étoit des figures taillées à peu près comme le reſte des femmes qu'elle avoit vûes juſqu'alors ; mais elle crut d'abord qu'elles n'avoient point de viſage, parce qu'elles n'en voyoit pas : il étoit caché par un voile qui leur tomboit juſque ſur le ſein. A travers ce voile on voyoit cependant briller preſque à toutes une chevelure d'or, & quoiqu'on ne pût pas bien distinguer leurs traits, cependant on ne laissoit pas de s'appercevoir qu'elles avoient l'air fier & dédaigneux: à côté d'elles étoient des femmes vieilles & ridées qui avoient les sourcils froncez & dont les yeux sembloient être en sentinelle pour découvrir l'approche de quelqu'ennemi. Cependant de jeunes gens s'approchoient, en présentant devant elles une plaque ronde de métal jaune, ils la mettoient dans la main de la plus vieille, & aussitôt ils avoient la permission de s'aller d'un air respectueux prosterner aux genoux de la figure qui portoit un voile. Thémire crut que l'endroit où elle venoit d'entrer étoit un temple: que ces figures étoient des Divinités voilées pour ne point paroître aux yeux des prophanes, que les femmes qui veilloient auprès en étoient les Prêtreſſes, & que ces jeunes gens étoient les adorateurs qui ne pouvoient obtenir la permiſſion d'implorer la Divinité qu'après avoir préſenté l'offrande fixée par la loy. Vous ne vous trompez point, reprit l'Amour, ce ſont des Divinités, & c'eſt un eſpéce de culte qu'on leur rend : mais ces Divinités ſont mortelles comme vous & le culte qu'on leur rend n'eſt autre choſe que l'amour de ce pays. Ces vieux ſpectacles féminins que vous appercevez auprès d'elles ſont des monſtres qu'on appellera dans la ſuite des Duegnes : leur unique occupation ſera de veiller ſur la vertu des femmes & d'effaroucher par leur mine ſevere

vere qui oſeroient en approcher de trop près. Mais vous voyez qu'on les apprivoiſe , & qu'elles ne réſiſtent guéres à l'éclat de ce métal qu'on leur préſente? Mais, dit Thémire, que font ces jeunes gens aux pieds de leurs Maîtreſſes ? Je croirois que ce n'eſt pas là qu'ils doivent être ; & d'ailleurs que ſignifient ces voiles? Oh, je ſerois bien fâchée moi d'en porter un. Je le crois bien, dit l'Amour, & ce ſeroit dommage en vérité : auſſi ne craignez pas que jamais cet uſage s'introduiſe dans votre Iſle. Mais je m'en vais ſatisfaire à vos demandes : ces jeunes gens que vous voyez aux pieds de leurs Maitreſſes, leur jurent un reſpect éternel, & une vénération profonde : car c'eſt l'étiquette de la galanterie du lieu : on n'eſt point entreprenant dans ce pays. Voyez-vous cette belle femme qui dort ſur un lit magnifique & ouvert de tous côtez : à peine un linge fin & tranſparent couvre ce que la nature a de plus précieux & de plus caché ; le hazard a même pratiqué des jours favorables à l'œil curieux & avide des tréſors ſecrets : celui que vous voyez à côté du lit eſt ſon amant. A ſon attitude peut-être vous vous imaginez qu'il eſt occupé à prier le Souverain Etre ; rien moins que cela, il penſe à ſa maîtreſſe, & il la reſpecte : il attend qu'elle ſoit éveillée pour lui demander la faveur d'un baiſer, même il s'impute preſque à crime de ce qu'il oſe porter ſes regards ſur elle ſans ſa permiſſion, & il ne manquera pas de lui en demander pardon à ſon réveil. A l'égard des voiles; ſçachez que ceux qui habitent ce canton de l'amour, ſont poſſédez du démon de la propriété. Dès qu'ils ont acquis une femme ils croyent qu'elle doit leur appartenir à eux ſeuls & à l'excluſion du reſte de la terre; c'eſt pourquoi ils prennent des précautions pour qu'on ne voye pas même ſes yeux & les traits de ſon viſage, de peur que cela ne donne envie de voir autre choſe dont ils ſont encore plus jaloux. Oh, que de précautions, s'écria Thémire! Vous pouvez bien penſer qu'elles ſont inutiles, lui dit l'Amour; jettez les yeux de ce côté pour vous en convaincre.

Thémire auſſi-tôt apperçut une vaſte enceinte de pierres ornée de riches peintures & ſoutenue par d'énormes colomnes; au fond étoit un autel, les femmes proſternées comme pour adorer la Divinité, ſoulevoient un peu le voile qui les couvroit pour voir de jeunes gens proſternés à côté d'elles dans la même attitude, avec qui elles converſoient fort amoureuſement, & dont les yeux ſembloient s'égarer de temps en temps ſous leur voile. Cet édifice, dit l'Amour, étoit un temple deſtiné à l'adoration de la Divinité, & c'eſt aujourd'hui le rendez-vous des femmes de ce pays avec leurs amants. Au reſte ces femmes n'aiment jamais qu'une fois: leur conſtance eſt à l'épreuve du temps, & qui plus eſt, de l'infidélité. Si l'objet de leur paſſion meurt, ou les abandonne, ce qui arrive beaucoup plus ſouvent, elles vont s'enſevelir dans des maiſons où ſéparées du reſte de la terre, elles entretiennent juſqu'aux pieds des autels le ſouvenir de l'amant qu'elles ont adoré. Thémire écoutoit avec une ſurpriſe mêlée de joye, tout ce que lui diſoit l'Amour; & ſes yeux parcouroient avidement tous ces objets auſſi nouveaux qu'intéreſſans pour elle, lorſqu'ils arriverent à un nouveau canton.

Le premier objet qui ſe préſenta à eux, fut une figure effrayante qui voulut leur en défendre l'entrée : ſon teint étoit pâle & livide, ſes regards ſombres & appéſantis d'un feu ſecret : ſon corps entouré d'une multitude de ſerpens qui lui rongeoient le cœur sans cesse renaissant sous leurs dents meurtriéres. Le soupçon & l'inquiétude habitoient sur son front : elle avoit cent yeux & cent oreilles, toujours attentives & vigilantes, & dans sa tremblante main on voyoit un poignard ensanglanté. C'étoit la Jalousie, cette fille cruelle de l'Amour, qui n'eut pas plutôt reconnue son pere qu'elle lui ouvrit les barrieres de ce fatal empire. Thémire en s'avançant jettoit les yeux de tous côtés, & étoit étonnée de ne point voir de femmes : elle n'appercevoit seulement que de vastes édifices environnés de murs dont toutes les portes étoient fermées avec soin. L'Amour sourioit en lui-même de l'embarras de Thémire. Suivez-moi, lui dit-il, vous allez voir un ſpectacle plus étonnant que tous ceux qui ont frappé vos yeux juſqu'ici : il s'avance vers le plus magnifique de tous ces édifices : à ſon approche les grilles & les verroux tombent d'eux-mêmes, les doubles & les triples portes s'entr'ouvrent ; ils arrivent dans une grande ſalle où étoit aſſemblée une multitude de belles femmes qu'un habillement leger & flottant couvroit à peine ; la porte de la ſalle étoit gardée par une eſpece d'animaux faits à peu près comme des hommes, & dont les uns étoient noirs, & les autres blancs. Cependant ce peuple de femmes inquiet & agité, ſembloit être dans l'attente d'un grand évenement. Leurs yeux curieux & jaloux s'obſervoient l'une l'autre, & paroiſſoient s'étudier à ſe trouver des défauts ; lorſqu'il parut à la porte de la ſalle une figure majeſtueuſe : c'étoit un homme. Une longue robbe d'une broderie magnifique lui deſcendoit juſque ſur les pieds, & ſur ſa tête brilloit un ornement tout étincelant de diamans. A ſon aſpect tous ces animaux qui gardoient la porte ſe proſternerent contre terre, & dans la ſalle on vit auſſitôt tous les yeux ſucceſſivement s'animer d'eſpérance & de crainte. Cependant il s'avança dans un profond ſilence, il regarda toutes ces femmes attentivement, il en fixa une à qui il jetta un mouchoir qu'il tenoit à la main ; auſſitôt elle le ſuivit en triomphant, & toutes ſes compagnes l'œil triſte & le viſage abbatu, s'en retournerent chacune dans leur appartement où elles furent reconduites par ces eſpeces d'animaux qui gardoient la porte. Celui que vous venez de voir, dit l'Amour, eſt le Maître de cette foule de Beautez qui viennent de ſortir ; elles ſont à lui, car il les a achetées : on tient ici des maiſons pleines de femmes, comme ailleurs des magaſins de draps ou des haras nombreux & pleins d'excellens chevaux. Celle qu'il a daigné choiſir doit cette nuit partager ſon lit, & lui fournir le tribut de plaiſir qu'en exige tour à tour ſa ſuperbe & dédaigneuſe tendreſſe : pour ces figures blanches ou noires qui veilloient à la porte; c'eſt une eſpece de monſtres qui ne vient que dans ce pays, & qui dans la ſuite s'appellera Eunuques : quoiqu'ils reſſemblent aſſez à des hommes, ce n'en eſt pourtant pas : eux ſeuls ſont privez de ce que la nature a accordé aux êtres les plus viles ; ils n'ont aucun droit au plaiſir ; & les faveurs de l'amour leurs ſont interdites ; c'eſt pourquoi ils ſont chargez de la garde des femmes, on ne craint pas qu'ils prophanent des tréſors dont ils ne peuvent faire uſage. S'il eſt dans le monde des femmes vertueuſes, c'eſt ici qu'elles le doivent être ; vous voyez ſous combien de clefs on garde leur honneur. Les peuples de ce pays ſont en amour inquiets, ſoupçonneux & jaloux : le plus grand malheur pour une femme, c'eſt d'être adorée de ſon maître. Souvent les marques les plus équivoques y cauſent les révolutions les plus terribles : plus leurs paſſions ſont vives & plus leurs vengeances ſont cruelles. Thémire s'avançoit avec ſon guide, lorſque tout d'un coup elle s'arrête à la vûe d'un ſpectacle effrayant; un de ces hommes ſe promenoit les yeux étincelans, la démarche menaçante & le viſage égaré. Des eſclaves lui amenerent un jeune homme qu'il perça auſſitôt de trois coups de poignard. Ce jeune homme, dit l'Amour à Thémire, s'étoit promené ſous la fenêtre d'une femme que le Sultan adore paſſionnément, voilà la cauſe de ſon malheur : mais tournez les yeux de ce côté, voici quelque choſe de plus terrible. Thémire apperçut trois corps ſanglans étendus l'un ſur l'autre; quoique la mort eut effacé les traits de leur viſage, cependant il étoit aiſé de connoître que c'étoit une femme parmi deux hommes. On voyoit encore le fatal poignard dans le sein d'un de ces hommes vêtu beaucoup plus magnifiquement que l'autre. Cette femme, dit l'Amour, sera un jour la favorite du Sultan que vous voyez : un esclave lui fera le rapport d'une infidélité, & dans son premier mouvement de fureur il la tuera. Quelques instans après ayant découvert son innocence il percera l'esclave qui lui avoit fait ce faux rapport & s'immolera lui-même sur le corps de son amante. Ah, dit Thémire, que l'Amour est cruel dans ce pays ! peut-on avoir du plaisir à aimer ainsi ? En disant ces mots elle sortit de cette fatale région.

Enfin, dit l'Amour, nous voilà arrivez dans l'endroit qu'habite votre postérité.

Thémire en entrant dans ce séjour crut tout à coup respirer un nouvel air; une impression vive & legere sembla se glisser jusqu'au fonds de son ame, & ses sens furent animez d'une joye inconnue: une douce liberté accompagnée de graces épanouit son front, & ses yeux parurent briller d'un nouveau feu. Sa curiosité redoubla son attention & elle écouta le Fils de Vénus qui continua en ces termes:

L'amour ne sera dans votre Isle ni une occupation importante & passionnée comme en Italie, ni un commerce religieux de respects comme en Espagne: ce ne sera point comme en Angleterre un sentiment sérieux & profond, ni une paſſion jalouſe & emportée comme parmi les Turcs. Ce ſera un amuſement vif & badin, un goût paſſager & folâtre, épuré des fadeurs du ſentiment, & des ſottiſes d'une conſtance ridicule ; un lien fragile, tiſſu d'une ſoye legere, formé par la main du plaiſir & briſé par celle de l'inconſtance. Jamais l'ennui n'aura le temps de s'introduire dans une intrigue ; on fera accepter ſes ſoins dès la premiere entrevûe ; on en ſera récompenſé dans la ſeconde, & dans la troiſiéme on ſe ſéparera comme on s'étoit pris ſans reproches & ſans infidélité. On effleurera tout ſans rien uſer : les plaiſirs circuleront comme la monnoye, & les maitreſſes ſeront à peu près comme un joli meuble qu'on prendra par caprice pour s'en ſervir deux fois, & dont on ſe déferа de même pour le céder à d'autres à qui il pourra faire plaiſir.

Thémire écoutoit avec des tranſports de joye tout ce que lui diſoit l'Amour : ſes yeux erroient ſans s'arrêter de ſpectacle en ſpectacle, & ſaiſiſſoient avidement tous les objets qui la frapoient. Elle étoit étonnée de voir les femmes de ce pays comme partagées en différentes claſſes, auſſi diſtinguées les unes des autres par les manieres que par les ajuſtemens. Elle en demanda la raiſon à l'Amour qui ſatisfit ſa curioſité en ces termes. Ce pays ſera partagé en différens climats qui ſeront en effet très-diſtinguez les uns des autres. On n'y reſpirera pas le même air, &

les femmes qui les habiteront ne ſe reſſembleront que par le fonds de coquetterie & de legereté qui ſera le caractere general de la nation. Approchons-nous ; vous pourrez les enviſager de plus près.

Thémire s'avança avec l'Amour dans le premier de ces climats. Elle ſe ſentit tout de ſuite ſaiſie par un air qui étoit extrêmement délié & ſubtil ; les femmes qui l'habitoient avoient un air de ſupériorité & d'aiſance qui n'eût été que ridicule s'il eût été copié, mais qui étoit agréable parce qu'il leur étoit naturel. Leur habillement avoit encore plus de goût que de magnificence : leurs manieres pour être remarquées n'avoient pas beſoin d'être précieuſes : leurs graces faiſoient pardonner leurs

ridicules

ridicules lorſqu'elles en avoient. Leur viſage decidé & hardi, avoit de l'agrément, au défaut de la beauté, & leur langage pur ſans affectation étoit auſſi poli que leurs manieres. Au reſte elles ne jouoient rien : elles étoient naturellement & ſans effort telles qu'elles paroiſſoient être. Elles n'imitoient perſonne, & tout le monde les imitoit.

Elle paſſa dans un ſecond climat. L'air qu'on y reſpiroit étoit empeſé, les femmes reſſembloient à des automates dont tous les reſſorts ſeroient ſymétriques, & les mouvemens ſoumis aux regles du compas. A l'aiſance des manieres qui leur manquoit, elles ſubſtituoient un air de gravité qui la remplaçoit mal. Leur viſage qui ſembloit mandier du reſpect en perdoit de ſes droits du côté de l'Amour. Leur parure méthodiquement compassée étoit plus fidele aux loix de la symétrie, qu'aux regles du goût : leurs discours étoient froids quand ils n'étoient pas échauffez par l'envie : & leur politesse assujetie à toutes les fadeurs du cérémonial dont elles s'occupoient profondément. D'ailleurs elles faisoient tout par regle, n'acceptoient un amant que lorsqu'il s'étoit présenté dans les formes, ne lui accordoient leurs faveurs qu'après une résistance d'un certain nombre de jours, & ne lui permettoient de se retirer qu'après qu'il avoit obtenu son congé, suivant les loix les plus exactes. Ces femmes, dit l'Amour, s'appelleront les femmes de Robbe; Thémire sourit & s'avança dans le troisiéme climat.

Les femmes qui l'habitoient avoient toutes les yeux fixez ſur celles du premier climat qu'elles tâchoient de copier : elles n'avoient rien à elles qu'un fonds d'orgueil qu'elles ne devoient encore qu'à leur fortune. On les voyoit au milieu d'un grand fleuve d'or dans lequel elles puiſoient ſans ceſſe pour acheter des airs & du faſte : quand elles étoient belles elles n'étoient pas toujours aimables ; à la place des agréments elles vouloient ſubſtituer des graces copiées, c'eſt-à-dire, des ridicules. Elles auroient ſouhaité mettre toute leur fortune ſur elles, & en effet elles portoient chacune la dépouille d'une province entiere : elles avoient un bel amant, comme un équipage brillant, par air & par vanité, quand elles n'en trouvoient point gratis elles en achetoient au besoin, & quelque cher qu'il fut, elles avoient dequoi le payer.

Thémire enfin passa dans un quatriéme entiérement opposé à celui-là : avec l'air, qui y étoit un peu épais on y respiroit une liberté pleine de franchise : les femmes y ressentoient naïvement le plaisir & l'inspiroient de même : leurs propos plus libres que délicats, ne se couvroient que d'un vernis de pudeur ; leur joye éveillée & bruyante pour se nourrir avoit besoin de grosses saillies ; leur visage, qu'elles portoient sans s'en appercevoir, ce semble, ne se plioit jamais à la contrainte des minauderies : le manége des souris leur étoit inconnu ; elles rioient bonnement, comme le leur avoit appris la nature. Leur tendresse étoit solide comme leur dépense: elles ignoroient le jargon de la galanterie, mais elles en connoissoient l'état & elles ne se faisoient pas longtemps attendre. Libres dans leurs manieres, elles permettoient, elles vouloient même que leurs amants le fussent avec elles. Les femmes de ce climat étoient les moins façonnées & les plus satisfaites, c'étoit le climat de la Bourgeoisie.

C'est ainsi que Thémire parcouroit avec l'Amour les différentes classes de sa postérité. Tout à coup les nuages qu'elle appercevoit disparurent à ses yeux, & le Temple du Destin s'éclipsa: elle se sentit transportée rapidement à travers les airs dans le boccage d'où elle avoit été enlevée. C'eſt-là qu'elle attendoit impatiemment l'arrivée des nouvelles créatures que l'Amour lui avoit promiſes, & l'accompliſſement des grands deſtins reſervez à ſon Iſle.

CHANT QUATRIÉME.

CEPENDANT Vénus pendant l'absence de l'Amour avoit longtemps déliberé ſur le genre de créatures dont elle feroit choix pour peupler la charmante contrée qui déſormais devoit être ſon nouvel empire. Elle avoit jetté les yeux ſur les différents habitants de la terre, mais parmi ceux qui rendoient aux femmes le culte le plus fidéle, elle n'en avoit point trouvé qui fuſſent capables de remplir les brillantes deſtinées du peuple charmant qui devoit un jour habiter l'Iſle des Nymphes. Leurs organes paitris d'un limon groſſier n'étoient point aſſez déliez & leur ſang formé d'une matiere trop épaiſſe ne couloit point avec aſſez de rapidité dans leurs veines. Il falloit un ſalpêtre animé, une nation toute d'air & de feu, qui à la légereté du vent réunit la ſplendeur des méteores. C'eſt pourquoi elle s'arrêta à la nation des Sylphes, parce que c'étoit celle qui approchoit le plus de l'idée qu'elle s'étoit formée des nouveaux habitants de l'Iſle.

Les Sylphes ſont un peuple aérien, leger & tranſparent : ils ont des aîles ainſi que les oiſeaux : ils penſent de même que l'homme ; mais ils ſentent plus vivement parce qu'ils ne ſont point environnez d'une enveloppe groſſiere, une ſubſtance de feu regne & s'étend autour d'eux & leur tient lieu de corps ; ils ne dorment point ; ils ſe nourriſſent de ſalpêtre ; auſſi rien n'égale la rapidité de leurs mouvements. L'endroit où ils étoient l'inſtant auparavant n'eſt plus celui où ils ſe trouvent ; tandis que je parle ils en ont déja changé. Ils s'élancent, vont & reviennent, on pourroit compter le nombre des inſtants qui s'envolent par le nombre de leurs courſes : toujours inquiets, toujours ſemillans ou ils ne ſont jamais en repos, ou leur repos même eſt un mouvement. Au reſte, ils habitent un globe particulier tout comme nous : ils ont des villes & des royaumes, des loix dont ils reſpectent les mots, des épouſes qu'ils n'aiment point, des maitreſſes qu'ils font ſemblant d'aimer.

La Reine d'Amathonte étoit occupée de l'image de cette nation legere & folâtre, lorſque ſon fils vint lui rendre compte de l'exécution de ſes deſſeins. Vénus applaudit d'un ſourire; elle ouvroit avec grace ſes levres de corail, & l'inſtruiſit de ſes nouveaux projets : il faut mon fils, ajouta-t-elle, que vous vous rendiez dans le globe qu'habitent ces génies, vous choiſirez un certain nombre des plus folâtres, que vous amenerez dans l'Iſle après leur avoir fait prendre une figure humaine. Les enfants reſſemblent d'ordinaire à leurs peres, leur ſang vif & leger ſe tranſmettra dans les veines de leur poſtérité, qui avec le tapage bruiant de leurs ſaillantes manieres, partagera preſque leur ſubſtance aérienne. Ainſi s'accompliront les ordres du deſtin. Au reſte, il faut en amener peu, car il faut accoutumer les habitans de cette Iſle à avoir chacun une centaine de Maitresses; ainsi quatre ou cinq Sylphes suffisent : mais dit l'Amour, je crois qu'il y en auroit même assez d'un seul : oui dans la rigueur, & dans les commencemens, repliqua Vénus, mais il ne faut point trop les fatiguer. D'ailleurs il est reglé par les destins que chaque belle ou croira ou fera semblant de croire qu'elle est la seule qui ait assez d'attraits pour toucher son amant & qu'elle en est la seule aimée; s'il n'y en avoit qu'un, elles ne pourroient se cacher qu'elles ont des rivales; ainsi il en faut au moins trois. Je sçais, mon fils, qu'à la faveur de vos aîles vous allez vous acquitter de cette commission avec la plus grande vitesse, mais j'ai obtenu du destin une grace qui va encore l'augmenter. Pressée par la curiosité de voir au plutôt l'effet de mes ſoins & des vôtres, j'ai demandé aux Dieux que les inſtants, ſelon que le voudroit l'Amour, devinſſent des jours, & les jours des ſiécles, ou bien les ſiécles des jours & les jours des moments. Cette nouvelle maniere de compter ſera d'un ſecours merveilleux dans la galanterie. Ainſi lorſqu'un amant jurera à ſa quinziéme Maîtreſſe qu'il lui ſera éternellement fidele, ce ſera comme s'il lui diſoit pendant deux ou trois ſiécles, c'eſt-à-dire, deux ou trois jours : comme quand une coquette répondra à ſon amant revenant de faire une campagne que ſon abſence lui a paru un ſiécle ; c'eſt-à-dire, un jour. Vous voyez combien le calcul ſera commode ; partez, mon fils, & ſervez-vous en pour hâter votre retour.

Venus achevoit : déja l'Amour s'étoit envolé : après avoir plané quelque temps à travers l'azur des cieux, il arrive dans le globe des Sylphes. Ce globe étoit composé d'une matiere legere comme l'air, & transparente comme le cristal, un long cercle de feu l'environnoit de tous côtez. L'air qu'on respiroit étoit plus subtil que celui que nous respirons sur les plus hautes montagnes. C'étoit le temps où la nation des Sylphes étoit assemblée pour les spectacles, car ils ont comme nous des jeux & des divertissements. Peut-on n'en pas voir par tout où il y a des hommes ou des êtres qui en approchent? l'Amour sçavoit que c'étoit surtout aux spectacles que se déploient les talens supérieurs des Sylphes pour l'inconstance & la legereté ; il s'y transporte avec plaiſir, sûr d'y faire un heureux choix pour ſa colonie.

La ſalle où ils étoient aſſemblez ne reſſembloit point à celle qui fut depuis dans notre Iſle deſtinée à cet uſage. Ce n'étoit point un ancien lieu d'exercices vulgaires ; elle avoit été bâtie exprès aux dépens de la nation des Sylphes qui en partageoient la commodité & l'agrément. Elle étoit vaſte & ſpacieuſe : l'entrée n'en étoit point obſcure, ni la porte étroite. C'étoit un portique immenſe & magnifique, orné de colomnes de jaſpe, & où la lumiere étoit refléchie de toutes parts. Sur le théâtre on pouvoit faire plus de dix pas ſans toucher les deux bouts : les décorations contre notre uſage étoient neuves & faites avec goût : les Sylphes

& les Sylphides qui jouoient paroiſſoient être dans l'endroit où ſe paſſoit l'action qu'ils repréſentoient aux yeux des ſpectateurs.

C'étoit dans cette baſilique ſuperbe qu'étoient aſſemblez les Sylphes à peu près comme nous : les uns étoient de bout dans une vaſte enceinte, où ils ſe précipitoient avec bruit ; leurs mouvements ondoians étoient ſemblables à ceux des flots de la mer, lorſqu'un flux rapide les porte ſur le rivage, d'où ils ſont de même emportés quelques inſtants après par un flux oppoſé. D'autres dans un étage ſupérieur paroiſſoient aſſis à côté d'un certain nombre de Sylphides toutes parées magnifiquement à qui ils ſembloient rendre hommage : le reſte enfin étoit ſur le théâtre où ils étaloient leur figure. Tantôt ils étoient occupez à ſaiſir les jours les plus favorables pour faire briller l'or & l'azur dont étoient tiſſus leurs habits : tantôt lorgnant audacieuſement les loges & les couliſſes ils parcouroient avec un œil avide les loges des Sylphides qui baiſſoient les yeux & tachoient de rougir. Leur ton étoit affecté, leur air vif jusqu'à l'étourderie, ſans aucune attention à ce qu'on jouoit. Après un acte ils alloient faire compliment à l'Actrice qui avoit joué & qui étoit toujours la plus jolie perſonne qu'ils euſſent jamais vûe : & leur compliment conſiſtoit d'ordinaire dans une alluſion fine & frivole ſur le rôle qu'elle jouoit. Delà ils alloient dans une loge dire à la Sylphide qui y figuroit qu'elle étoit plus belle qu'elle n'avoit jamais été ; ils revenoient fredonner dans les

couliſſes

couliſſes, ou faire la capriole ſur le théâtre, ſe chargeant ingénieuſement d'amuſer le parterre dans des entr'actes & pendant que les Acteurs ſe repoſoient.

L'Amour conſidera pendant quelque temps ce ſpectacle qui l'amuſa beaucoup, il n'avoit point encore vû de créatures ſi polies & ſi brillantes : ſon choix demeura flottant pendant quelques minuttes; ſes yeux indécis erroient du parterre aux loges, des loges au théatre : tous les Sylphes méritoient la palme de l'agrément & de la légereté, c'étoit toujours les derniers qu'il avoit apperçu qui étoient les plus aimables. Enfin, il en fixa trois qu'il deſtina à fonder ſa charmante colonie. Il leur communiqua le deſſein qu'il avoit formé ſur eux. Auſſitôt ces Sylphes impatients de voir de nouveaux objets & des créatures nouvelles se hâterent de se transformer selon les ordres de l'Amour : & ce fut alors que la terre vit pour la premiere fois des Petits-Maîtres. Tous trois accomplis dans leur genre, ils étoient tous trois différents.

Les graces du premier étoient décidées & hardies : ses airs affichoient son mérite, ses manieres brusquoient le cérémonial : il saluoit en cadence, parloit en sifflant ; caressoit ses levres, pirouettoit sur un talon, & voltigeoit sans cesse. Ses discours lestes & rapides n'attendoient jamais la repartie ; une audace aimable brilloit dans ses yeux ; son ajustement quoique singulier étoit plein de goût : son ton bruyant ; ses coups de tête inimitables : ses sourires agaçans; son esprit délié comme ses façons; son coeur superficiel, excepté dans l'art de plaire où il étoit profond & où il faisoit gloire de l'être. C'étoit le Petit-Maitre en épée.

Les deux autres avoient cela de commun entre eux que leur état fixoit leur habillement. Mais l'un avoit plus de méthode dans son ajustement, l'autre plus de grace & d'art; l'un se rengorgeoit de temps en temps comme une jolie femme; l'autre se tenoit toujours droit comme une poupée; l'un carressoit sa longue chevelure qu'il rajustoit en fredonnant, l'autre n'osoit toucher à sa tête de peur d'en flétrir les attraits. A l'un il falloit toujours un miroir pour se regarder; à l'autre des spectateurs qui le regardassent sans cesse: le ton de l'un étoit arrangé & paisible, celui de l'autre étoit animé mais ſans étourderie. L'un avoit l'air plus compaſſé & l'autre plus coquet. Tous deux copioient le Petit-Maitre en épée, mais le premier à ſon ſalpêtre mêloit deux grains d'empois : le ſecond ſur ſes graces vives & brillantes mettoit trois couches d'un coloris plus doux & plus uni. Le premier étoit le Petit-Maitre de robe, le ſecond le Petit-Maitre en rabat.

Ces trois Sylphes ainſi transformez s'avancerent vers la nouvelle Iſle dont ils devoient faire la conquête, & l'Amour qui les regardoit s'applaudiſſoit de ſon ouvrage ; quand ils furent arrivez au deſſus de l'Iſle, le Fils de Vénus s'arrêta pour leur montrer la beauté du nouveau ſéjour qu'ils alloient habiter : les Sylphes virent avec tranſport ces nouvelles campagnes, ces champs de verdure, ces bocages enchantez & voluptueux, car ils n'ont rien de semblable dans leur globe : ils se féliciterent du bonheur qui les alloit rendre maitres d'une si charmante contrée & des trésors de toute espece qu'elle renfermoit. Au reste, ne croyez pas leur dit l'Amour, que ces belles campagnes resteront toujours désertes & soumises aux simples loix de la grossiere nature. Un peuple charmant & poli doit y faire fleurir un jour les arts & les plaisirs. Dans l'endroit où s'éleve cette vaste forêt, vos aimables descendants bâtiront une ville immense & magnifique. Ce sera le séjour de l'agrément, le centre du goût, le théâtre de la galanterie & l'école des plaisirs : les édifices bâtis par la main de l'opulence y seront habitez par la molesse : les jeux & les ris y donneront sans cesse la main aux graces qu'escorteront la jeunesse & la volupté. Les plaisirs y naîtront sous les pas comme les fleurs dans les campagnes : il y en aura pour toutes les saisons comme pour tous les âges : & les jeunes gens de toutes les nations y viendront faire leur cours de politesse & de galanterie.

En même temps il se transporta dans un petit bocage de mirthe qui étoit dans l'enceinte de la forêt : il le regarda en souriant : il prononça trois fois les noms de Plaisir, d'Amour & de Vénus ; il traça dans l'air avec ses fléches une enceinte mystérieuse tout autour du bocage. Les Sylphes étonnez lui demanderent la raison de cette cérémonie religieuse: je consacre, leur dit l'Amour, un terrein ſur lequel votre poſtérité doit un jour me bâtir un Temple à moi & à ma mere : ce Temple s'appellera l'Opéra : il renfermera une foule de Prêtreſſes conſacrées particulierement à mon culte. Quoiqu'en grand nombre à peine pourront-elles ſuffire aux ſacrifices. Il y aura trois jours de la ſemaine où tous ceux qui m'adorent s'aſſembleront dans ce Temple : les Prêtreſſes couvertes d'ornements magnifiques, y paroîtront dans des palais enchantez, & y donneront des fêtes magiques. C'eſt-là que le coeur concevra ſes premiers vœux, mais le ſacrifice doit ſe conſommer ailleurs. Plus on croira la victime pure, plus l'offrande ſera riche & conſidérable : le feu du ſacrifice s'allumera toujours aux rayons de l'or. Ce ſera le ſeul de mes Temples dans l'univers qui ne sera jamais fermé. L'Amour ayant cessé de parler descendit dans l'Isle avec les trois Sylphes.

Cependant Thémire avoit assemblé ses compagnes ; elle leur avoit communiqué l'ordre du Destin, & les avoit instruites du bonheur inconnu qui leur étoit destiné : toutes ces nymphes attendoient impatiemment sur le rivage les créatures nouvelles. Egerie fut la premiere qui les apperçut, & les annonça à ses compagnes. Aussitôt elles pousserent des cris de joye & volerent au devant d'elles : dès qu'elles furent près d'elles, elles s'arrêterent tout à coup : elles les envisagerent avec attention ; leurs yeux ne pouvoient se rassasier de tant de charmes, leurs cœurs sembloient se détacher pour s'aller joindre à ces objets enchanteurs. Les Sylphes de leur côté n'avoient pas moins de plaisir à voir ces timides Bergeres ; leurs charmes, leur aimable ingénuité, surtout leur innocence firent naître en eux ce goût leger qui fut depuis connu dans l'Isle sous le nom d'Amour. O nuit venez déployer vos voiles sur cette heureuse contrée ! Fils de Vénus unisez-les par la main du Plaisir : bocages soyez étonnez de voir des mystéres dont vous n'aviez pas encore été témoins : souples gazons devenez le siége des plaisirs & le thrône des Amans heureux. Jamais pour ces Bergeres le sommeil ne fut si charmant, ou plûtôt jamais elles ne dormirent moins. Bientôt l'Isle se peupla de nouveaux habitants ; & leurs aimables descendants qui ont le secret de réunir aux agréments de leurs meres, la brillante legereté de leurs peres, ont toujours rendu depuis un culte fidéle à Vénus ; ils lui doivent leur origine & elle eſt encore aujourd'hui la Protectrice & la Souveraine de l'Iſle.

Fin du quatriéme & dernier Chant, faiſant la ſeconde Partie des Filles-Femmes ou Femmes-Filles.

www.ingramcontent.com/pod-product-compliance
Ingram Content Group UK Ltd.
Pitfield, Milton Keynes, MK11 3LW, UK
UKHW020919180726
13838UKWH00002B/634